RELATOS ESTADOUNIDENSES

HACER QUE NOS ESCUCHEN

¿CÓMO PODEMOS LOS ESTADOUNIDENSES CAMBIAR NUESTRA SOCIEDAD?

DK Reino Unido:
Coordinación editorial Oriel Square
Una producción de Collaborate Agency para DK
Índice analítico James Helling

Autoría Elliott Smith
Edición de la colección Megan DuVarney Forbes
Dirección de publicaciones Nick Hunter
Dirección de publicaciones Sarah Forbes
Coordinación de proyectos editoriales Katherine Neep
Coordinación de producción Isabell Schart
Iconografía Nunhoih Guite
Producción editorial Shanker Prasad

Publicado originalmente en los Estados Unidos
en 2023 por Dorling Kindersley Limited,
DK, One Embassy Gardens, 8 Viaduct Gardens,
Londres, SW11 7BW
Parte de Penguin Random House

Título original: *Getting Our Voices Heard*
Primera edición 2023
Copyright © 2023 Dorling Kindersley Limited
© Traducción en español 2023 Dorling Kindersley Limited
Servicios editoriales: Flores + Books, Inc.
Traducción: Isabel Mendoza

ISBN: 978-0-7440-8270-8

Impreso en China

Los editores agradecen a las personas siguientes su permiso para reproducir sus fotografías:
(Clave: a: arriba; b: bajo/abajo c: centro; f: extremo; l: izquierda; r: derecha; t: superior)

4 Getty Images: Hulton Archive / Staff (clb). **5 Getty Images:** Daniel Leal / AFP (cra); Paul Bersebach / MediaNews Group / Orange County Register (clb). **6 Getty Images:** Hulton Fine Art Collection / National Galleries of Scotland (clb). **9 Alamy Stock Photo:** Danvis Collection (cla); North Wind Picture Archives (bl). **10 National Portrait Gallery, Smithsonian Institution:** bequest of Charles Francis Adams; frame conserved with funds from the Smithsonian Women's Committee (cr). **11 Library of Congress, Washington, D.C.:** LC-DIG-ppmsca-59409/Declaration of Independence and its signers. , ca. 1906. [United States:publisher not transcribed] Photograph. https://www.loc.gov/item/2018757145/. (cra). **Shutterstock.com:** Everett Collection (clb). **13 Alamy Stock Photo:** Lakeview Images (clb). **Collection of the Smithsonian National Museum of African American History and Culture:** (tr). **14 Getty Images:** Archive Photos / Interim Archives (cra). **15 Library of Congress, Washington, D.C.:** LC-DIG-ppmsca-54232 / Lindsley, Harvey B., 1842-1921, photographer (cl). **16 Dreamstime. com:** Jos © Carvallido (br). **Library of Congress, Washington, D.C.:** LC-USZ62-119343/Sojourner Truth, three-quarter length portrait, standing, wearing spectacles, shawl, and peaked cap, right hand resting on cane. , 1864. [Detroit] Photograph. https://www.loc.gov/item/97513239/. (cla); LC-DIG-ppmsca-53260/William Lloyd Garrison, abolitionist, journalist, and editor of The Liberator. , ca. 1870. Photograph. https://www.loc.gov/item/2017660623/. (bl). **18 National Portrait Gallery, Smithsonian Institution:** gift of Mrs. Alan Valentine. **19 Alamy Stock Photo:** Everett Collection (cla). Everett Collection Historical (tl). Dreamstime.com: 3000ad (b). **20 Library of Congress, Washington, D.C.:** LC-USZ62-28195/Elizabeth Cady Stanton. , , [No Date Recorded on Caption Card] Photograph. https://www.loc.gov/item/2004670381/. (cra); Our Roll of Honor. Listing women and men who signed the Declaration of Sentiments at first Woman's Rights Convention, July 19-20. Seneca Falls, New York, May, 1908. Manuscript/Mixed Material. https://www.loc.gov/item/rbcmiller001182/. (clb). **21 Getty Images:** Archive Photos / Chicago History Museum (tr). **Library of Congress, Washington, D.C.:** LC-DIG-ggbain-29524 / Bain News Service, publisher (cr). **22 Alamy Stock Photo:** Alpha Stock (b). **23 Library of Congress, Washington, D.C.:** LC-DIG-ggbain-39054 / Bain News Service, publisher (tr). **24 Getty Images:** Bettmann (cra). **25 Alamy Stock Photo:** The Granger Collection (br). **26 Alamy Stock Photo:** Everett Collection (b). **27 Getty Images:** The White House / Handout / Pete Souza (crb). **28 Getty Images:** Bettmann (cla). **29 Getty Images:** Bettmann (tl); Jeff Hutchens (cr). **30 Shutterstock.com:** Everett Collection (cr). **31 Alamy Stock Photo:** GRANGER - Historical Picture Archive (tl). **Getty Images:** Bettmann (br). **33 Getty Images:** Hulton Archive / Cathy Murphy (tl); Photodisc / Ariel Skelley (br). **34 Alamy Stock Photo:** Universal Images Group North America LLC / Education Images (clb). **35 Library of Congress, Washington, D.C.:** LC-USZ62-93533 / Arnold, C. D. (Charles Dudley), 1844-, photographer (br). **36 Getty Images:** Bettmann (cra, cr). **37 Shutterstock.com:** ChicagoPhotographer (cr). **38 Alamy Stock Photo:** Retro AdArchives (cla). **39 Getty Images:** Anna Moneymaker / Staff (b). **40 Library of Congress, Washington, D.C.:** LC-USZ62-133631 / United States. War Relocation Authority. (clb). **41 Getty Images:** Wally Mcnamee / Corbis (b); Wally Skalij / Los Angeles Times (cra). **42 Getty Images:** Alastair Pike / AFP (b). **43 Alamy Stock Photo:** Molly Riley / UPI (br). **47 Alamy Stock Photo:** Everett Collection (tr). **Getty Images:** Photodisc / Ariel Skelley (br). **Shutterstock.com:** Everett Collection (cr).

Resto de las imágenes © Dorling Kindersley

Ilustración: Karen Saavedra

Para mentes curiosas
www.dkespañol.com

Este libro se ha impreso con papel
certificado por el Forest Stewardship
Council™ como parte del compromiso
de DK por un futuro sostenible.
Para más información, visita
www.dk.com/our-green-pledge

CONTENIDO

EL PODER DEL PUEBLO

★ ★ ★ ★ ★ ★ ★ ★ ★ ★ ★ ★ ★ ★ ★ ★ ★ ★ ★

"CUANDO VEAS ALGO QUE NO ES JUSTO O NO ESTÁ DEL TODO BIEN, TIENES QUE HACER ALGO. TIENES QUE DECIR ALGO. ALBOROTAR UN POCO".
— JOHN LEWIS, ACTIVISTA Y POLÍTICO

MARY MCLEOD BETHUNE ERA HIJA DE **PERSONAS ESCLAVIZADAS.** DURANTE SU VIDA LIDERÓ CAMPAÑAS POR LA IGUALDAD PARA LOS NEGROS Y TODAS LAS MUJERES, Y ASUMIÓ IMPORTANTES FUNCIONES EN EL GOBIERNO.

Los cambios a las leyes solo los pueden hacer oficialmente los jueces, y se desarrollan como parte de planes políticos, pero estos cambios a menudo son impulsados por la pasión de gente común y corriente. EE. UU. es una **república democrática**, lo cual significa que los ciudadanos tienen el poder de elegir a quienes hacen las leyes. La gente también tiene el poder de ayudar a mejorar la sociedad, creando o apoyando desde pequeños movimientos comunitarios hasta importantes **campañas** con resultados a gran escala. En la década de 1960, la frase "el poder para el pueblo" se dio a conocer gracias a una ola de movimientos **de base** que demandaban cambios. Sin embargo, el pueblo ha marcado una diferencia en la sociedad estadounidense desde el comienzo de la nación. Incluso hoy, la gente sigue ejercerciendo presión sobre el gobierno para promulgar leyes que reflejen la voluntad del pueblo.

MILLONES DE PERSONAS EN TODO EL MUNDO PARTICIPARON EN LAS PROTESTAS DE "LAS VIDAS NEGRAS IMPORTAN". SE MANIFESTABAN EN CONTRA DEL TRATO INJUSTO QUE LA POLICÍA Y OTRAS INSTITUCIONES LES DAN A LOS NEGROS.

SYLVIA MÉNDEZ, ACTIVISTA POR LOS DERECHOS DE LA EDUCACIÓN DE LOS HISPANOS DESDE QUE TENÍA OCHO AÑOS

¿SABÍAS QUE...?

DURANTE GRAN PARTE DE LA HISTORIA DE EE. UU., LA COMUNIDAD **LGBTI** SE VIÓ OBLIGADA COMUNIDAD A MANTENER SU VIDA PRIVADA EN SECRETO O ENFRENTAR DISCRIMINACIÓN. ESTO COMENZÓ A CAMBIAR EN LA DÉCADA DE 1960, CUANDO HARVEY MILK, UN LÍDER DE LA GRAN COMUNIDAD LGBTI DE SAN FRANCISCO, COMENZÓ A ABOGAR POR SUS DERECHOS. A MILK LO ASESINARON POR SUS CREENCIAS. ANTES DE MORIR, GRABÓ UN PODEROSO MENSAJE QUE INSTABA A LAS PERSONAS GAY A "SALIR, LEVANTARSE Y HACER QUE EL MUNDO SE ENTERE… SOLO ASÍ COMENZAREMOS A ALCANZAR NUESTROS DERECHOS".

LA LUCHA POR LA
INDEPENDENCIA

A finales del siglo XVIII, la gente que vivía en Norteamérica era gobernada por países europeos y no tenía voz en su gobierno. Muchos de los habitantes de las trece colonias ubicadas a lo largo de la costa este, desde Nueva Hampshire hasta Georgia, estaban cansados de ser gobernados por Gran Bretaña. No les gustaba pagar impuestos al rey británico. Muchos habían hecho el peligroso viaje desde Europa para escapar de las reglas de su país de origen.

Los colonos se enojaban más cada vez que el gobierno les hacía pagar un nuevo impuesto. La Ley del Timbre de 1765 gravaba a las personas por casi todo el papel que usaban. Las Leyes Townshend de 1767 gravaron casi todo lo demás, incluido... ¡el té! Pero, ¿qué podían hacer los colonos? Una serie de eventos importantes, iniciados por ciudadanos comunes, pondrían a las colonias rumbo a la independencia.

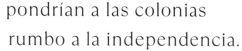

LA MASACRE DE BOSTON

Crispus Attucks era un marinero local de ascendencia negra e indígena. Estaba en Boston el 5 de marzo de 1770, cuando un grupo de colonos enojados se enfrentaron a un soldado británico. Los colonos armaron tal alboroto que llegaron más soldados británicos para controlar la situación. Más tarde se dijo que alguien había gritado "fuego" durante la riña.

Hubo disparos y Attucks fue uno de los cinco colonos asesinados ese día. A Attucks se le considera la primera víctima de la Guerra de Independencia. Se le trató como un héroe en su funeral. Llevaron su cuerpo al Faneuil Hall de Boston, donde la gente pudiera verlo durante varios días.

La Masacre de Boston, como llegó a conocerse, fue el primer gran acto de resistencia ciudadana contra Gran Bretaña. No sería el último.

LAS TRECE COLONIAS

Nueva Hampshire

Massachusetts

Nueva York

Rhode Island

Connecticut

Pensilvania

Nueva Jersey

Maryland

Delaware

Virginia

Carolina del Norte

Georgia

Carolina del Sur

EL MOTÍN DEL TÉ DE BOSTON

 Más de tres años después, los colonos aún sentían que el gobierno británico se **aprovechaba** de ellos. Los impuestos y las regulaciones de Gran Bretaña solo se habían hecho más estrictos desde la Masacre de Boston. Un grupo misterioso llamado los Hijos de la Libertad encabezó la lucha contra los odiados impuestos. Estos comerciantes y artesanos comenzaron a actuar como ciudadanos comunes, pero se convertirían en personas clave en el surgimiento de EE.UU.

Cuando tres grandes barcos de té llegaron al puerto de Boston en diciembre de 1773, los colonos se negaron a pagar impuestos sobre el té. El gobernador de Masaschusetts ordenó que se pagara el impuesto y se descargara el té, pero los colonos se mantuvieron firmes. En cambio, los Hijos de la Libertad formularon un plan.

La noche del 16 de diciembre de 1773, más de cien colonos —muchos de ellos adolescentes— se colaron a bordo de los tres barcos. Para ocultar su identidad, se disfrazaron de indígenas, y arrojaron casi 350 cajones de té al agua. ¡La mercancía costaba casi un millón de dólares en dinero de hoy!

"Entonces nuestro comandante nos ordenó abrir las escotillas y sacar todos los cajones de té y tirarlos por la borda, y de inmediato procedimos a ejecutar sus órdenes, primero cortando y partiendo los cajones con nuestras hachas, para exponerlos completamente a los efectos del agua."
- George Hewes, participante del Motín del té de Boston

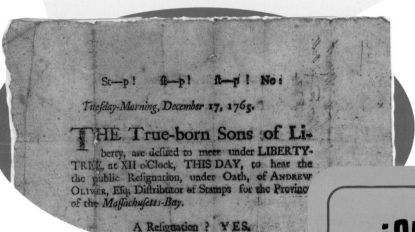

¿Por qué crees que los colonos decidieron destruir este té?

¿QUIÉNES ERAN LOS HIJOS DE LA LIBERTAD?

- COMENZARON EN BOSTON PERO HABÍA GRUPOS SIMILARES EN NUEVA YORK Y OTROS ESTADOS.

- EL GRUPO FUE FUNDADO EN PROTESTA A LA LEY DEL TIMBRE Y OTRAS LEYES BRITÁNICAS.

- ORGANIZABAN BOICOTS DE BIENES BRITÁNICOS Y ATACABAN A QUIENES RECAUDABAN IMPUESTOS PARA LOS BRITÁNICOS.

- ENTRE LOS MIEMBROS DE LOS HIJOS DE LA LIBERTAD ESTABAN SAMUEL ADAMS, BENEDICT ARNOLD, PATRICK HENRY, PAUL REVERE Y JOHN HANCOCK.

LA DECLARACIÓN DE
INDEPENDENCIA

Hacia 1775, los colonos de las trece colonias ya se habían rebelado abiertamente contra el gobierno británico y el rey Jorge III. Un grupo de líderes decidió escribir un documento que explicaba por qué necesitaban su propio gobierno.

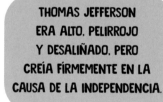

THOMAS JEFFERSON ERA ALTO, PELIRROJO Y DESALIÑADO, PERO CREÍA FIRMEMENTE EN LA CAUSA DE LA INDEPENDENCIA.

¿QUIÉNES FUERON LOS PADRES FUNDADORES?

FUERON LOS HOMBRES QUE LUCHARON PARA FUNDAR EE. UU., DESDE LA DECLARACIÓN DE INDEPENDENCIA Y LA GUERRA QUE ESTALLÓ DESPUÉS, HASTA LA FUNDACIÓN DE LA NUEVA NACIÓN.

LOS PADRES FUNDADORES INCLUÍAN A JOHN ADAMS, SAMUEL ADAMS, BENJAMIN FRANKLIN, ALEXANDER HAMILTON, PATRICK HENRY, THOMAS JEFFERSON, JAMES MADISON, JOHN MARSHALL, GEORGE MASON Y GEORGE WASHINGTON.

Thomas Jefferson se encargó de escribir este documento. Jefferson era un joven **representante** de Virginia. No le tomó mucho tiempo crear la Declaración de **Independencia**. Representantes de las trece colonias la aprobaron el 4 de julio de 1776. A partir de septiembre de 1776, las colonias recibieron oficialmente el nombre de Estados Unidos de América.

La Declaración de Independencia se escribió para inspirar al pueblo a crear una nueva nación. También se usó para tratar de persuadir a otros países a apoyar la libertad de las colonias de Gran Bretaña. El documento enumeraba las fallas del rey Jorge III y afirmaba que las colonias "deben ser estados libres e independientes".

ESTA CARICATURA, CON EL TEXTO "ÚNANSE O MUERAN", INSTABA A LAS COLONIAS A UNIRSE POR LA INDEPENDENCIA.

¿SABÍAS QUE...?

EL **PREÁMBULO** DE LA DECLARACIÓN SE CONVIRTIÓ EN LA SECCIÓN MÁS CONOCIDA. ALLÍ JEFFERSON ESCRIBIÓ: "SOSTENEMOS COMO EVIDENTES ESTAS VERDADES: QUE TODOS LOS HOMBRES SON CREADOS IGUALES..."

SIN EMBARGO, JEFFERSON NO VIVÍA DE ACUERDO A ESTE IDEAL. ÉL Y MUCHOS DE LOS PADRES FUNDADORES QUE FIRMARON EL DOCUMENTO ESCLAVIZABAN A OTROS SERES HUMANOS.

LA LUCHA CONTRA LA ESCLAVITUD

Estados Unidos de América se formó después de que se ganara la guerra en contra del gobierno británico. Sin embargo, eso no significaba que todos en el país tuvieran los mismos derechos. Si bien en la Declaración de Independencia se afirmaba que "todos los hombres son creados iguales", la gente de EE. UU. no era, en absoluto, tratada con igualdad. La esclavitud era una mancha en el nuevo país.

Durante más de 350 años, los europeos capturaron a millones de hombres, mujeres y niños africanos. Los llevaron encadenados en buques abarrotados e inmundos a las Américas. Las primeras personas esclavizadas llegaron a la colonia inglesa de Virginia en 1619. La esclavitud siguió creciendo a medida que las colonias se convirtieron en estados. Aunque en EE. UU. la importación de esclavos se abolió en 1808, seguía siendo legal comerciar con personas dentro del país. Hacia 1860, había más de tres millones de personas esclavizadas en EE. UU., principalmente en los estados del Sur.

Mientras tanto, personas de todos los orígenes lucharon para detener la esclavitud. Algunos usaron ideas religiosas y morales. Otros confiaron en la palabra impresa para obtener apoyo para su causa. Algunos incluso usaron la violencia en un intento de causar un gran impacto. Como los políticos tardaron en actuar, fueron los esfuerzos del ciudadano común lo que ayudó a poner a la opinión pública en contra de la esclavitud.

¿QUIÉNES LUCHARON CONTRA LA ESCLAVITUD?

- LOS CUÁQUEROS FUERON EL PRIMER GRUPO RELIGIOSO EN GRAN BRETAÑA Y EE. UU. EN PROTESTAR CONTRA LA ESCLAVITUD.

- EN EL NORTE, ESCRITORES NEGROS UTILIZARON PEQUEÑOS FOLLETOS PARA PROTESTAR CONTRA LA ESCLAVITUD.

- EL LIBRO DE HARRIET BEECHER STOWE, *LA CABAÑA DEL TÍO TOM,* ENOJÓ A LOS SUREÑOS CON SUS REPRESENTACIONES DE LOS HORRORES DE LA ESCLAVITUD.

- NAT TURNER LIDERÓ UNA REBELIÓN DE PERSONAS ESCLAVIZADAS EN 1831 QUE DEJÓ MUCHOS MUERTOS Y AUMENTÓ LAS TENSIONES QUE EVENTUALMENTE DIERON LUGAR A LA GUERRA CIVIL.

HARRIET TUBMAN
Y EL TREN CLANDESTINO

★ ★ ★ ★ ★ ★ ★ ★ ★ ★ ★ ★ ★ ★ ★ ★ ★ ★ ★ ★

Una forma de luchar contra la esclavitud era ayudar de forma individual a personas esclavizadas. Harriet Tubman escapó de la esclavitud y usó su conocimiento para ayudar a liberar a otros en el llamado Tren Clandestino. Viajó a plantaciones donde vivían esclavos y los ayudaba a escapar

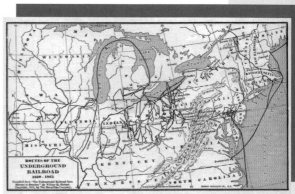

a áreas donde la esclavitud era ilegal. Tubman no creó el Tren, pero fue su más hábil "operadora". Gracias a que conocía los senderos ocultos y las rutas seguras, pudo liberar a alrededor de setenta personas.

Tubman nunca perdió un pasajero en sus viajes y nunca la atraparon. Sus osados actos inspiraron a otros partidarios de la lucha contra la esclavitud. Se la conocía como "Moisés" por sus rescates. Los dueños sureños de esclavos ofrecieron grandes recompensas por su captura. Tubman apoyó muchas otras causas contra la esclavitud, incluyendo la incursión de John Brown en Harpers Ferry en 1859.

¿QUÉ FUE EL TREN CLANDESTINO?

- EL TREN NO ERA REALMENTE UN FERROCARRIL, SINO UNA RED DE PERSONAS Y LUGARES ORGANIZADOS PARA AYUDAR A PERSONAS ESCLAVIZADAS A ESCAPAR.

- LA RUTA COMENZABA EN EL SUR Y LLEGABA MUY AL NORTE, HASTA CANADÁ.

- LOS ESCONDITES A LO LARGO DEL CAMINO SE CONOCÍAN COMO ESTACIONES.

Durante la Guerra Civil, ¡Tubman se convirtió en espía! Vestida de anciana, reunía información acerca de movimientos de tropas y líneas de abastecimiento. Descubrió torpedos de las fuerzas confederadas y ayudó a la Unión a realizar incursiones osadas.

EL TRABAJO DE TUBMAN LA CONVIRTIÓ EN UN ÍCONO. HOY TODAVÍA SE RECONOCE SU LEGADO.

"Había razonado en mi mente que había dos cosas a las que tenía derecho. Una era la libertad, la otra la muerte. Si no podía tener una cosa tendría la otra". – Harriet Tubman.

¿SABÍAS QUE...?

TUBMAN SERÁ LA PRIMERA MUJER EN APARECER EN LA MONEDA DE EE. UU., EN EL BILLETE DE $20.

HÉROES
DEL MOVIMIENTO ABOLICIONISTA

★ ★

Tubman fue solo una de las muchas personas que se pronunciaron en contra de la esclavitud. Los abolicionistas querían abolir la esclavitud, es decir, acabar con ella. Usaron diferentes estrategias para lograrlo.

★ SOJOURNER TRUTH ★

Isabella Baumfree nació esclavizada, pero cambió su nombre a Sojourner Truth después de obtener la libertad, en 1827. La misión de Truth fue denunciar la esclavitud. A pesar de no saber leer ni escribir, Truth usaba palabras poderosas. Sus discursos contenían sabiduría, humor e historias religiosas que conectaba con la esclavitud.

WILLIAM GARRISON Y FREDERICK DOUGLASS

Garrison era blanco y era dueño de un periódico. Douglass escapó de la esclavitud. Los dos hombres quedaron vinculados por sus puntos de vista abolicionistas. Garrison usó su periódico, *The Liberator*, para pedir la libertad inmediata de toda persona esclavizada. La autobiografía de Douglass sobre su experiencia como esclavo se convirtió en un éxito de ventas.

★ JOHN BROWN ★

Brown era un abolicionista apasionado que prefería la acción sobre las palabras. En octubre de 1859, dirigió una incursión en la armería de Harpers Ferry, en Virginia Occidental. Deseaba que las personas esclavizadas del área se unieran a él en la lucha. Pero no lo hicieron. Brown fue juzgado por traición y ahorcado. Su incursión fracasó pero fue una de las chispas que encendió la Guerra Civil.

EN 1865, LA DECIMOTERCERA ENMIENDA A LA CONSTITUCIÓN ABOLIÓ LA ESCLAVITUD POR COMPLETO EN EE. UU.

★ PALABRAS Y ACCIONES ★

Las palabras de **activistas** como Sojourner Truth cambiaron el punto de vista de muchos acerca de la esclavitud. Sin embargo, miles de vidas se perdieron en una terrible guerra civil antes de que la esclavitud finalmente terminara. ¿Crees que fue más efectivo que los abolicionistas protestaran con palabras o acciones?

LOS DERECHOS DE LA MUJER

★ ★

LUCRETIA MOTT

Los afroamericanos no eran el único grupo que quería cambios. Muchas personas que lucharon en contra de la esclavitud también querían más derechos para la mujer. A pesar de que las mujeres ni siquiera podían votar en las elecciones para presidente o el Congreso, activistas como Lucretia Mott fueron figuras destacadas en campañas como la de abolir la esclavitud.

Las mujeres tenían pocos derechos en Estados Unidos. No podían votar ni convertirse en médicas o abogadas. Las mujeres no podían ir a la universidad. La vida de las mujeres casadas era controlada por sus maridos, y no se les permitía tener propiedades.

Abigail Adams fue la esposa del segundo presidente, John Adams. En 1776, le escribió a su marido:

"Acuérdate de las damas, y sé más generoso y favorable con ellas de lo que fueron tus ancestros. No pongas tan ilimitado poder en manos de los maridos. Recuerda que todos los hombres serían tiranos si pudieran."

ABIGAIL ADAMS

Muchas mujeres comenzaron a ser más francas para tratar de cambiar su situación. Con el tiempo, construyeron una red a través del joven país que les permitió abordar estos problemas y dar grandes pasos hacia la igualdad. Las mujeres siguen haciendo campaña hoy por algunos derechos, como la igualdad salarial.

¿SABÍAS QUE...?

LA MARCHA DE LAS MUJERES COMENZÓ EN 2017 PARA CREAR UN CAMBIO SOCIAL REUNIENDO DIVERSAS COMUNIDADES DE ACTIVISTAS. CERCA DE 500,000 PERSONAS LLEGARON A WASHINGTON, D. C., PARA PROTESTAR POR LOS DERECHOS DE LA MUJER EN DIVERSAS ÁREAS DE LA VIDA.

EL MOVIMIENTO POR EL SUFRAGIO FEMENINO

EL VOTO PARA LA MUJER

EL VOTO PARA LA MUJER

★ ★

Elizabeth Cady Stanton era una mujer educada de Nueva York que formaba parte del movimiento abolicionista. Le frustaba que las mujeres no pudieran participar en el proceso de toma de decisiones políticas, por lo que creó una Convención de los Derechos de la Mujer.

La primera convención fue en Seneca Falls, NY, el 19 y 20 de julio de 1848. Allí, Stanton dio a conocer su Declaración de Sentimientos, que estaba basada en la Declaración de Independencia, pero incluía dieciocho maneras en las que las mujeres eran tratadas injustamente.

El objetivo central de Stanton era conseguir el derecho al voto para las mujeres. Haciendo equipo con mujeres como Susan B. Anthony y Sojourner Truth, Stanton habló de manera apasionada sobre el **sufragio** femenino. Algunos hombres políticos y editores de periódicos se opusieron al movimiento, lo cual atrajo a más mujeres a la causa.

El movimiento obtuvo pequeñas victorias. En 1869, el territorio de Wyoming aprobó el voto para las mujeres mayores de 21 años. Otros estados del oeste hicieron lo mismo más adelante.

Hubo desacuerdos sobre la raza. Stanton alegaba que a las mujeres blancas se les debería permitir votar antes que a los hombres negros. Mujeres negras como Ida B. Wells se unieron a la causa para garantizar la igualdad para todas las mujeres. El movimiento fue en general pacífico, pero algunas sufragistas consiguieron que las arrestaran para llamar la atención a la causa.

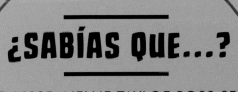

¿SABÍAS QUE...?

EN 1925, NELLIE TAYLOE ROSS SE CONVIRTIÓ EN LA PRIMERA MUJER GOBERNADORA EN LA HISTORIA DE EE. UU. AL GANAR LAS ELECCIONES EN WYOMING.

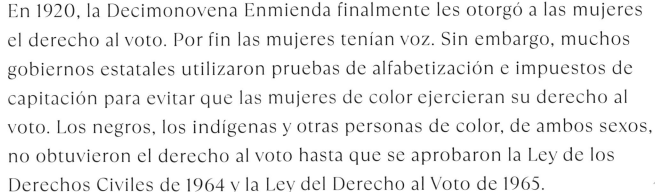

EL DERECHO AL VOTO
★ PARA TODOS ★

En 1920, la Decimonovena Enmienda finalmente les otorgó a las mujeres el derecho al voto. Por fin las mujeres tenían voz. Sin embargo, muchos gobiernos estatales utilizaron pruebas de alfabetización e impuestos de capitación para evitar que las mujeres de color ejercieran su derecho al voto. Los negros, los indígenas y otras personas de color, de ambos sexos, no obtuvieron el derecho al voto hasta que se aprobaron la Ley de los Derechos Civiles de 1964 y la Ley del Derecho al Voto de 1965.

En el siglo XIX, muchas personas ricas pensaban que los pobres eran simplemente vagos o tomaban malas decisiones en la vida. A menudo se culpaba a las mujeres pobres por su situación. Estas mujeres tenían pocos derechos y no podían encontrar trabajos decentes.

A principios del siglo XX, la actitud hacia los pobres comenzó a cambiar. Las mujeres adineradas no podían participar en la política y normalmente no tenían trabajos remunerados, por lo que algunas decidieron dedicarse a combatir la pobreza. Podrían marcar una diferencia en la sociedad a través de la reforma social.

Una forma de ayudar a la gente era proporcionando hogares seguros. Se establecieron casas de asentamiento en barrios pobres para apoyar el bienestar social de las comunidades locales. En Nueva York y Chicago, muchas mujeres inmigrantes y sus familias vivían en estos edificios. Jane Addams inauguró Hull House en Chicago, en 1889. Por todo el país se hicieron casas de asentamiento, y en varias ciudades grandes llegaron a sobrepasar las cuatrocientas.

HULL HOUSE SE CONVIRTIÓ EN UN LUGAR DONDE SE AYUDABA A LAS MUJERES POBRES CON EL CUIDADO DE LOS NIÑOS, ATENCIÓN MÉDICA Y OTROS SERVICIOS.

¿SABÍAS QUE...?

JANE ADDAMS TAMBIÉN TRABAJÓ EN CONTRA DE LA GUERRA. INTENTÓ PERSUADIR AL PRESIDENTE WOODROW WILSON PARA QUE TERMINARA LA PRIMERA GUERRA MUNDIAL. ADDAMS GANÓ EL PREMIO NOBEL DE LA PAZ POR SU LABOR.

Para las mujeres trabajadoras, la paga era baja y las condiciones de trabajo a menudo eran malas, y tenían pocas oportunidades de encontrar un mejor trabajo. Josephine Shaw Lowell estableció la Liga de Consumidores de Nueva York, que luchó por mejorar los salarios y las condiciones de las mujeres de la ciudad. Lowell publicó la Lista Blanca: una lista de tiendas que trataban bien a las trabajadoras.

JANE ADDAMS

¿SABÍAS QUE...?

HOY, LA COALICIÓN DE PERSONAS POBRES CONTINÚA EL TRABAJO REALIZADO POR ACTIVISTAS ANTERIORES. ESTE GRUPO QUIERE ASEGURAR QUE LOS 140 MILLONES DE ESTADOUNIDENSES POBRES Y DE BAJOS INGRESOS NO SEAN IGNORADOS POR LA SOCIEDAD NI POR LOS POLÍTICOS.

LOS DERECHOS CIVILES

★ ★ ★ ★ ★ ★ ★ ★ ★ ★ ★ ★ ★ ★ ★ ★ ★ ★ ★ ★

Casi cuatro millones de personas anteriormente esclavizadas quedaron libres al final de la Guerra Civil. El gobierno **federal** aprobó leyes para a proteger sus derechos. Durante la era de la Reconstrucción (1865 a 1877), la vida mejoró para muchos afroamericanos, pero el progreso no duró. La batalla por los derechos civiles continuó en tiempos modernos.

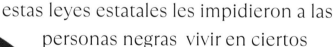

Los líderes de los estados del Sur aprobaron leyes para restringir la libertad de personas anteriormente esclavizadas, incluyendo leyes que les impedían votar. Estas leyes limitaban la libertad social, política y económica de los afroamericanos. Hacia la década de 1880, estas leyes estatales les impidieron a las personas negras vivir en ciertos barrios. Les prohibieron compartir espacios públicos con personas blancas. También aseguraron que niños de diferentes razas no asistieran a las mismas escuelas.

Estas leyes tuvieron vigencia desde la década de 1870 hasta la década de 1960. Afectaron a generaciones de familias negras. Estas leyes racistas tuvieron un profundo impacto en EE. UU. que todavía se palpa. Desde la propiedad de la vivienda y la justicia penal hasta la educación, todavía hay una gran brecha entre las personas negras y blancas promedio a causa de estas políticas históricas.

Se requirieron pasos valientes de personas con muy poco poder para cambiar no solo la ley sino también la forma en que se ve a los afroamericanos.

¿QUÉ SON LOS DERECHOS CIVILES?

- LOS DERECHOS CIVILES SON DERECHOS QUE TODO CIUDADANO TIENE EN UNA DEMOCRACIA.

- TODOS LOS CIUDADANOS DEBEN TENER LOS MISMOS DERECHOS SIN IMPORTAR LA RAZA, RELIGIÓN U OTRAS CARACTERÍSTICAS.

- ESTOS DERECHOS INCLUYEN EL DERECHO AL VOTO, EL DERECHO A LA EDUCACIÓN Y EL DERECHO A SER TRATADO JUSTAMENTE POR PARTE DE LA POLICÍA Y LOS TRIBUNALES.

ROSA PARKS
Y EL BOICOT A LOS AUTOBUSES DE MONTGOMERY

El racismo y la **segregación** eran parte de la vida en Montgomery, Alabama. Por ejemplo, los negros solo podían sentarse en la parte trasera de los autobuses urbanos. Un conductor podía pedirle a una persona negra que le diera su asiento a un pasajero blanco si el autobús estaba lleno.

El 1 de diciembre de 1955, Rosa Parks regresaba a casa del trabajo. Cuando el conductor del autobús pidió a los pasajeros negros que cedieran sus asientos a un pasajero blanco, tres personas se levantaron. Parks no lo hizo y fue arrestada.

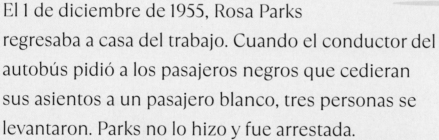

ROSA PARKS SE LLEGÓ A CONOCER COMO "LA MADRE DEL MOVIMIENTO POR LOS DERECHOS CIVILES".

"Hay gente que dice que no cedí mi asiento porque estaba cansada, pero eso no es cierto. No estaba cansada físicamente... No, de lo único que estaba cansada era de ceder". – Rosa Parks

Parks luchó por muchos años para asegurar derechos para las personas negras. Su protesta fue el primer acto de un plan para **boicotear** los autobuses de la ciudad y desafiar la ley. Durante más de un año, la población negra de Montgomery caminó a la escuela y al trabajo para que la compañía de autobuses perdiera dinero y los escuchara. Atrajeron la atención nacional. En 1956, la Corte Suprema dictaminó que la segregación en los autobuses era **inconstitucional**.

Parks sufrió muchas agresiones por su acto de coraje. Con los años, su valentía la convirtió en una heroína estadounidense. En 1999, recibió la Medalla de Oro del Congreso, el más alto honor civil. Cuando murió, en 2005, se convirtió en la primera mujer que fue velada con honores en el Capitolio.

¿SABÍAS QUE...?

ROSA PARKS NO FUE LA PRIMERA EN NEGARSE A CEDER EL ASIENTO. NUEVE MESES ANTES DE PARKS, CLAUDETTE COLVIN, DE 15 AÑOS, HIZO LO MISMO EN BIRMINGHAM, ALABAMA. SU HISTORIA ES A MENUDO PASADA POR ALTO.

EL PRESIDENTE BARACK OBAMA. EL PRIMER PRESIDENTE NEGRO DE ESTADOS UNIDOS. SENTADO EN EL AUTOBÚS DONDE ROSA PARKS REALIZÓ SU HISTÓRICA PROTESTA.

MARTIN LUTHER KING, JR.

El Movimiento por los Derechos Civiles tuvo muchos héroes. Sin embargo, nadie simboliza la forma en que las personas pueden cambiar la sociedad más que Martin Luther King, Jr.

King era un joven pastor cristiano de Alabama cuando se convirtió en líder durante el boicot a los autobuses de Montgomery. Durante ese tiempo, King enfrentó agresiones, y su casa fue bombardeada. El éxito del boicot demostró que los métodos de King podrían funcionar.

Fue elegido presidente de la Conferencia Sureña de Liderazgo Cristiano en 1957. King se convirtió en la imagen de la campaña por los derechos civiles, utilizando técnicas no violentas para promover la igualdad racial. El movimiento ganó mucho apoyo cuando personas de todo el país vieron que las autoridades enfrentaban con violencia estas manifestaciones y marchas pacíficas.

A King lo arrestaron más de veinte veces y vivía bajo constante amenaza. Aun así, luchó incansablemente por la igualdad. En 1963, más de 250,000 personas participaron en la Marcha a Washington, una manifestación pacífica. El discurso que pronunció King en el evento, "Sueño que un día", sigue siendo una de las grandes obras orales en la historia mundial.

Con el liderazgo de King y la dedicación de docenas de otros líderes por los derechos civiles, la campaña forzó cambios a la ley. La Ley de Derechos Civiles de 1957 protegió el derecho al voto. La Ley de Derechos Civiles de 1964 garantizó la igualdad de oportunidades en el empleo. La Ley de Vivienda Justa de 1968 prohibió la discriminación en la vivienda por motivo de raza, sexo o religión.

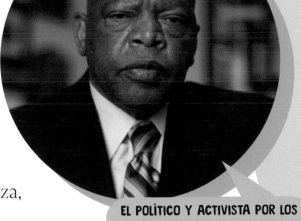

EL POLÍTICO Y ACTIVISTA POR LOS DERECHOS CIVILES JOHN LEWIS

★ EL LEGADO DE KING ★

King fue asesinado el 4 de abril de 1968 en Memphis, pero su legado en el Movimiento por los Derechos Civiles, y a la nación, nunca serán olvidados. Activistas en todo el mundo han adoptado sus métodos de protesta pacífica. El movimiento Black Lives Matter es un ejemplo de cómo se puede protestar sin recurrir a la violencia.

CAMBIAR LA VIDA DE LOS
TRABAJADORES

★ ★ ★ ★ ★ ★ ★ ★ ★ ★ ★ ★ ★ ★ ★ ★ ★ ★ ★ ★

Todos necesitamos trabajar para pagar nuestras cuentas, pero los trabajadores no siempre han recibido un salario justo. A medida que el mercado laboral estadounidense pasó de pequeños artesanos trabajando de forma independiente a una producción a gran escala en fábricas, se comenzaron a necesitar leyes que protegieran a los trabajadores. Muchos trabajadores se organizaron en sindicatos.

¿QUÉ ES UN SINDICATO?

- UN SINDICATO ES UNA ORGANIZACIÓN DE TRABAJADORES DE UNA PROFESIÓN O EMPRESA.

- LOS MIEMBROS DE UN SINDICATO COLABORAN PARA ACORDAR SALARIOS Y CONDICIONES CON EMPLEADORES, Y PARA ASEGURAR QUE TODO TRABAJADOR RECIBA UN TRATO JUSTO.

- LOS SINDICATOS PUEDEN ORGANIZAR PROTESTAS O DEJAR DE TRABAJAR, HACIENDO HUELGAS, PARA PROTEGER LOS DERECHOS DE LOS TRABAJADORES.

¿SABÍAS QUE...?

LA PRIMERA HUELGA EN EE. UU. OCURRIÓ EN 1768, CUANDO UNOS SASTRES EN NUEVA YORK LUCHARON EN CONTRA DE REDUCCIONES SALARIALES.

Samuel Gompers fue uno de los primeros en hablar en nombre de los trabajadores. Gompers ayudó a fundar la Federación Estadounidense del Trabajo (AFL, en inglés), que unió varios sindicatos. La meta de Gompers para los miembros de la AFL era simple. Quería "mejores salarios, más tiempo libre, más libertad" para todos mediante el uso de la acción colectiva.

Mother Joncs fue otra de las primeras activistas del movimiento laboral. Ayudó a unos mineros que estaban en huelga a principios del siglo XX y los convenció de que se afiliaran a sindicatos. También presionó para poner fin al trabajo infantil, una práctica común en la época.

Los sindicatos no estaban a salvo del racismo. Muchos trabajadores negros tenían poca protección y eran obligados a trabajar horas extra. A. Philip Randolph fue un sindicalista negro innovador. Su trabajo con mozos de tren llevó a la formación de la Hermandad de Mozos de Coches Cama, el primer sindicato liderado por personas negras en unirse a la AFL.

CÉSAR CHÁVEZ
Y
DOLORES HUERTA

★ ★ ★ ★ ★ ★ ★ ★ ★ ★ ★ ★ ★ ★ ★ ★ ★ ★

Millones de inmigrantes trabajaron para desarrollar el oeste de EE. UU. Primero, había trabajadores chinos, filipinos y japoneses. Para la década de 1940, la mayoría de quienes hacían las labores agrícolas eran trabajadores **migrantes** mexicanos. Estos trabajadores recibían bajos sueldos y a menudo vivían en malas condiciones. Dueños de fincas rápidamente pusieron fin a cualquier plan para organizar sindicatos.

César Chávez fue uno de esos trabajadores. Dejó la escuela en octavo grado y empezó a trabajar para mantener a su familia. Sabía muy bien lo que eran el trabajo duro y los salarios bajos. En 1962, Chávez fundó la Asociación Nacional de Trabajadores Agrícolas. La socia de Chávez en esta labor fue Dolores Huerta, una antigua maestra. Huerta creía que la mejor manera de ayudar a las personas era a través de la organización comunitaria.

En 1965, Chávez y Huerta fundaron la Unión de Trabajadores Agrícolas (UFW, en inglés). Unos meses después, la UFW lanzó su mayor protesta, la Huelga de las Uvas de Delano, una campaña de cinco años que incluyó huelgas, marchas y boicots. Chávez realizó una huelga de hambre de veinticinco días, negándose a comer como ejemplo de las tácticas pacíficas que emplearía el sindicato en su lucha. En 1970, los cultivadores de uvas finalmente hicieron lo correcto. Firmaron con el sindicato acuerdos que proporcionaban mejores salarios, beneficios y protecciones para los trabajadores migrantes.

Chávez y Huerta continuaron abogando por los trabajadores agrícolas durante las siguientes décadas, mejorando los salarios y las medidas de seguridad.

¿SABÍAS QUE...?

LA HUELGA DE LAS UVAS DE DELANO LLAMÓ LA ATENCIÓN NACIONAL. LÍDERES COMO MARTIN LUTHER KING, JR. CONTACTARON A LA UFW PARA OFRECER SU APOYO.

DERECHOS PARA LOS PUEBLOS INDÍGENAS

★ ★ ★ ★ ★ ★ ★ ★ ★ ★ ★ ★ ★ ★ ★ ★ ★ ★ ★

Había millones de **indígenas** viviendo en las Américas cuando llegaron los primeros colonos europeos. Los colonos emplearon una variedad de tácticas para obtener tierras de pueblos indígenas. Si bien se pactaron algunos tratos entre colonos y naciones indígenas, los colonos se apropiaron de muchas tierras indígenas por la fuerza o con **engaños**.

¿SABÍAS QUE...?

LOS COLONOS TRAJERON ENFERMEDADES COMO LA VIRUELA, LA INFLUENZA Y EL SARAMPIÓN, QUE ERAN NUEVAS PARA LOS INDÍGENAS. COMO NO TENÍAN LA PROTECCIÓN NATURAL PARA CONTRARRESTARLAS, LAS NACIONES INDÍGENAS SE DEBILITARON. ASÍ FUE MÁS FÁCIL PARA LOS COLONOS APROPIARSE DE SUS TIERRAS.

La **opresión** de los pueblos indígenas es otro elemento oscuro de la historia de EE. UU. Se apropiaron de sus tierras y se redujo su poder económico. Los tratados que firmaron los pueblos indígenas con el gobierno de EE. UU. solían ignorarse. Las frecuentes guerras entre los indígenas y el gobierno ocasionaron más pérdidas de vidas y tierras indígenas. Eventos como el Sendero de las Lágrimas obligaron a más de 60,000 indígenas a abandonar sus tierras en el siglo XIX. El conflicto continuó hasta principios del siglo XX.

★ ACUDIR A LA ★ CORTE SUPREMA

En el siglo XX aumentaron las protestas indígenas. Janet McCloud, que formaba parte de las tribus Tulalip, del noroeste de EE. UU., luchó por el derecho de su pueblo a pescar en Washington. El caso llegó hasta la Corte Suprema. En 1974, el tribunal dictaminó que las tribus tenían derecho a la mitad de la pesca de salmón y trucha en Washington.

"Nos hicieron muchas promesas, más de las que puedo recordar. Pero jamás cumplieron ninguna de ellas, excepto una: nos prometieron que nos quitarían nuestras tierras y nos las quitaron". - Nube Roja, un líder del pueblo Lakota durante las Guerras Indígenas

LOS MOVIMIENTOS INDÍGENAS EXIGEN CAMBIOS

★ ★ ★ ★ ★ ★ ★ ★ ★ ★ ★ ★ ★ ★ ★ ★ ★ ★ ★ ★

MOVIMIENTO INDÍGENA DE EE. UU.

DENNIS BANKS

En 1968, Dennis Banks y Russell Means fundaron una organización llamada el Movimiento Indígena de EE. UU. (AIM, en inglés). La organización se inició para luchar contra la pobreza y discriminación hacia indígenas que se habían mudado a ciudades. Pronto ampliaron su enfoque para hacer frente a temas generales.

RUSSELL MEANS

El AIM habló de los muchos tratados que el gobierno no había cumplido. También se organizaron manifestaciones en la prisión de Alcatraz, en California, y en el monte Rushmore, ubicado en tierras del pueblo Lakota. En este lugar se había descubierto oro, y poco después el gobierno se apropió de esas tierras.

En 1973, más de doscientos indígenas ocuparon Wounded Knee, el sitio donde tropas estadounidenses masacraron a la nación Siux en 1890. El AIM retuvo a once residentes como rehenes durante setenta y un días, y se enfrentó a agentes federales. El AIM quería que EE. UU. respetara los tratados con las tribus. La ocupación de Wounded Knee puso los problemas de los pueblos indígenas por primera vez en la escena mundial.

El AIM eventualmente se rindió y sus líderes fueron arrestados. Otros movimientos tomaron su lugar en la búsqueda de la igualdad para los pueblos indígenas. Hoy, activistas como Nathan Phillips y Madonna Thunder Hawk han encabezado la lucha contra la construcción de oleoductos en tierras de naciones indígenas en Dakota del Norte.

IMÁGENES INDÍGENAS

LAS ORGANIZACIONES INDÍGENAS HAN ALEGADO QUE LOS EQUIPOS DEPORTIVOS NO DEBEN USAR APODOS O IMÁGENES QUE COMERCIALICEN SU CULTURA. RECIENTEMENTE, EL EQUIPO DE LA NFL DE WASHINGTON Y EL EQUIPO DE BÉISBOL DE CLEVELAND CAMBIARON SUS NOMBRES CON EL FIN DE ELIMINAR IMÁGENES INDÍGENAS.

EL EQUIPO DE LAS GRANDES LIGAS DE BÉISBOL DE CLEVELAND ERA CONOCIDO COMO "LOS INDIOS". EN 2021. EL NOMBRE DEL CLUB SE CAMBIÓ DE MANERA OFICIAL A "LOS GUARDIANES".

★ DERECHOS PARA LOS HAWAIANOS ★

Estados Unidos tomó el control de Hawái por primera vez en 1898, y este se convirtió en estado en 1950. Cuando el gobierno de EE. UU. asumió el poder, no hizo ningún acuerdo con los indígenas hawaianos. Desde la década de 1980, muchos indígenas hawaianos han hecho campaña por tener más derechos sobre su tierra. Algunos indígenas hawaianos creen que Hawái debería ser independiente.

REPARACIONES

Muchos activistas han afirmado que se deben pagar reparaciones a grupos que han sufrido injusticias en el pasado. Argumentan que grupos como los afroamericanos y los indígenas aún tienen menos oportunidades debido a su historia. Las reparaciones son dinero que se paga a un grupo en particular que ha sido seriamente agraviado. No excusan el comportamiento, ni tampoco arreglan los grandes problemas, pero sirven para reconocer que se cometieron errores en el pasado.

Las naciones indígenas han recibido dinero y tierras en reconocimiento del hecho de que, por mucho tiempo, el gobierno de EE. UU. las obligó a abandonar sus tierras.

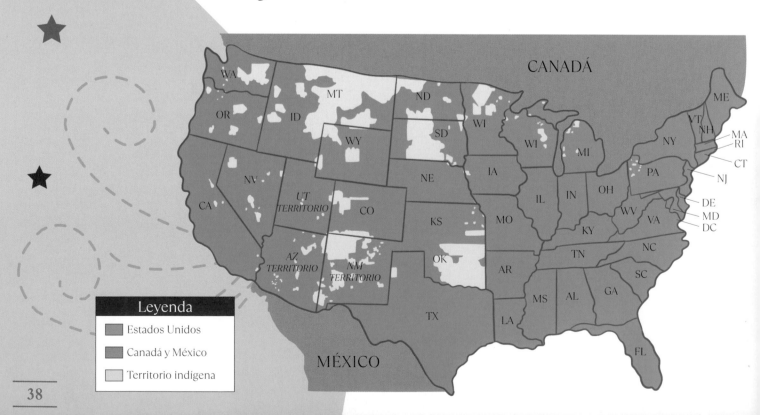

Leyenda
- Estados Unidos
- Canadá y México
- Territorio indígena

★ REPARACIONES POR ESCLAVITUD ★

Hay un grupo que no ha recibido ningún tipo de reparación. La esclavitud ha afectado a generaciones de afroamericanos, que son, en promedio, más pobres y tienen menos oportunidades que otros estadounidenses. Kamm Howard trabaja con la Comisión Nacional de Reparaciones para Afroamericanos. Durante casi dos décadas ha presionado por leyes que permitan pagar reparaciones a millones de personas afroamericanas. Aunque todavía hay poca legislación federal, algunos estados están explorando maneras de proporcionar estas reparaciones. California ha recomendado subsidios de vivienda, matrícula gratuita y aumentos al salario mínimo para abordar el problema.

En 2021, Evanston, Illinois, se convirtió en la primera ciudad en pagar reparaciones a los residentes negros. La ciudad planea dar diez millones de dólares a residentes negros para compensar lo que llama "perjuicio histórico". Si bien el plan tiene sus detractores, algunas personas dicen que es un prometedor primer paso hacia la justicia.

THE HARM IS IN OUR GENE

INTERNAMIENTO
JAPONÉS

★ ★

Sí se puede ser un ciudadano común y liderar una campaña eficaz por el pago de reparaciones. Un ejemplo fue la campaña contra la forma en que EE. UU. trató a los estadounidenses de origen japonés durante la Segunda Guerra Mundial, cuando EE. UU. estaba en guerra con Japón.

Después de que los japoneses atacaran Pearl Harbor en 1941, el pánico se apoderó del país. En reacción, el presidente Franklin D. Roosevelt aprobó una ley el 19 de febrero de 1942 que permitía a las fuerzas armadas sacar a los japoneses de las áreas que se establecieron como zonas militares. La orden aplicaba a toda persona japonesa, ya fuera *issei*, o primera generación de inmigrantes a EE. UU., o ciudadanos estadounidenses nacidos en el país, pero con padres japoneses.

Básicamente, eliminó los derechos constitucionales de los estadounidenses de origen japonés y los calificó como enemigos de EE. UU. Decenas de miles de estadounidenses de origen japonés se vieron obligados a vivir en campos de **internamiento**. Estos campos también eran conocidos como campos de concentración estadounidenses, centros de reubicación o centros de detención. Después de que terminó la guerra, muchas de estas personas tuvieron dificultades para regresar a la vida normal después de haber sido tratados como enemigos.

JUSTICIA PARA LOS ESTADOUNIDENSES DE ORIGEN JAPONÉS

John Tateishi fue uno de ellos. Tenía unos tres años cuando enviaron su familia a un campo de internamiento. Esos recuerdos nunca lo abandonaron. En 1975, Tateishi se interesó en el programa de reparación de la Liga de Ciudadanos Estadounidenses de Origen Japonés (JACL, en inglés). La JACL es la organización de derechos civiles para estadounidenses de origen asiático más antigua y grande de la nación.

Tateishi y muchos otros lucharon por más de una década para educar e informar a la gente sobre el internamiento japonés. Sus esfuerzos impulsaron la creación de la Ley de Libertades Civiles de 1988. La ley otorgó a estadounidenses de origen japonés que aún vivían $20,000 y una disculpa formal del presidente Ronald Reagan por el internamiento que sufrieron durante la Segunda Guerra Mundial.

CAMBIOS RELACIONADOS CON EL
MEDIOAMBIENTE

Si bien se han ganado algunas batallas por el cambio, muchos activistas siguen intentando resaltar temas importantes. Activistas ambientales, como Rachel Carson y Ralph Nader, han luchado durante décadas para educar a la población sobre los peligros de productos químicos nocivos y los riesgos del calentamiento global causado por la actividad humana. El movimiento ecologista ahora está encabezado por muchos jóvenes activistas que buscan cambios.

★ ACTIVISTAS JÓVENES ★

En 2018, la adolescente Jamie Margolin cofundó Hora Cero (Zero Hour), un colectivo de jóvenes que buscan justicia climática. Hora Cero recibió mucha atención cuando demandó al estado de Washington en respuesta a los efectos de los incendios forestales. Hora Cero lideró docenas de marchas climáticas juveniles y Margolin declaró ante el Congreso junto a la activista sueca Greta Thunberg.

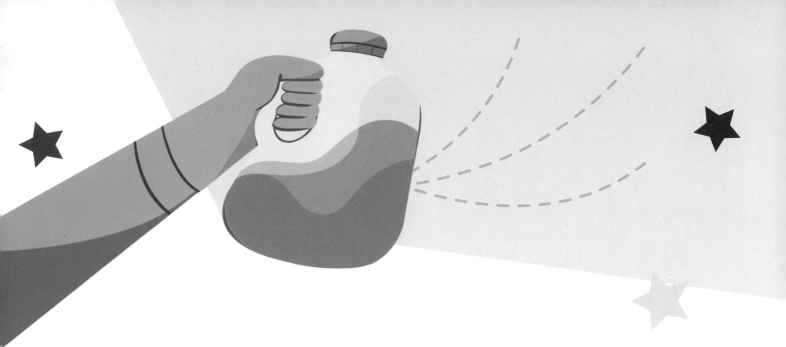

La mala gestión de empresas y de la ciudad de Flint, Michigan, causó la contaminación del agua con plomo, lo cual enfermó a mucha gente. Muchas personas protestaron durante la crisis del agua de Flint. Una joven llamada Mari Copeny fue una de ellas. Se convirtió en una heroína debido a sus esfuerzos para obtener agua potable limpia.

Copeny comenzó a ser conocida como "la señorita Flint" (Little Miss Flint) después de que le escribió una carta al presidente Obama cuando ella tenía 8 años. Quería que Obama se reuniera con ella en Flint. Él le respondió y aprobó la legislación que ayudó a resolver los problemas de Flint. Pero a Copeny aún le quedaban cosas por hacer. Continuó entregando miles de botellas de agua y trabajando como Embajadora de la Marcha de las Mujeres.

"QUERÍA LUCHAR POR TODOS LOS CHICOS DE AQUÍ QUE TENÍAN MIEDO Y ESTABAN CONFUNDIDOS. QUERÍA LUCHAR POR LOS ADULTOS QUE TENÍAN QUE ENSEÑARLES A LOS NIÑOS QUE EL AGUA ERA UN VENENO", DIJO COPENY. "CUANTO MÁS HABLABA, MÁS GENTE ESCUCHABA DE VERDAD".

AHORA
TE TOCA A TI

★ ★ ★ ★ ★ ★ ★ ★ ★ ★ ★ ★ ★ ★ ★ ★ ★ ★ ★ ★

Después de leer acerca de los esfuerzos de la gente común que ha ayudado a cambiar la sociedad, quizás te estés preguntando: ¿cómo puedo hacer campaña por un cambio? Hay muchas formas de empezar a marcar la diferencia, y ninguna de ellas es demasiado pequeña.

★ SER VOLUNTARIO ★

Dedica tiempo a ayudar a los demás. Trabajar en un hospicio local o ayudar a empacar almuerzos para personas necesitadas son excelentes maneras de tener un impacto en tu comunidad.

★ DONA ★

Recolecta monedas en un frasco en tu casa o en la escuela, y luego identifica una organización benéfica local a la que puedas donar el dinero.

★ COMIENZA UN PROYECTO ★

¿Te apasiona algún problema de la sociedad? Puedes comenzar una campaña de recaudación de fondos para apoyar tu causa. O puedes educar a la gente sobre el problema en una mesa en el mercado campesino de tu localidad.

★ ESCRIBE UNA CARTA ★

Averigua quiénes son tus representantes locales y/o estatales. Escríbeles una carta aclarando tu opinión sobre un tema en particular y pregunta si pueden aprobar una legislación que ayude a resolver el problema.

DISEÑA UN CARTEL

Identifica un problema sobre el cual creas que la gente debe enterarse, y diseña un cartel informativo. Explica cómo pueden apoyar tu causa.

USA LAS REDES SOCIALES

La palabra viaja rápido en las redes sociales. Los blogs, memes e imágenes pueden ayudar a difundir información rápidamente. Por lo tanto, las redes sociales pueden informar a grandes audiencias sobre un problema y ofrecer soluciones potenciales.

No tengas miedo de hablar o tomar acción si quieres hacer un cambio. ¡Es probable que encuentres el apoyo de familiares y amigos!

GLOSARIO

abolición
poner fin a algo, por ejemplo, la abolición de la esclavitud

activista
alguien que hace campaña por el cambio en un área particular de la sociedad

boicot
cuando la gente se niega a usar o comprar algo como un tipo de protesta

ciudadano
un miembro de un país, ya sea porque nació allí o lo eligió como su hogar

colonia
lugar que es gobernado por otro país

de base
relativo o procedente de la gente común

democracia
sistema político en el que el gobierno es elegido por el voto de sus ciudadanos

derechos civiles
derechos a un trato y protección igualitarios, según la ley, como en el derecho al voto

engaño
mentiras y trampas con las que se consigue algo de alguien

enmienda
cambio o adición a un documento legal, como una constitución

federal
el nombre que se le da al gobierno nacional de EE. UU., o a cualquier gobierno con poderes compartidos entre los estados y un gobierno nacional

hacer campaña
protestar o abogar por un cambio

igualdad
situación en la que todas las personas reciben un trato justo y tienen las mismas oportunidades

inconstitucional
no permitido según las reglas de una constitución

independencia
capacidad de tener el control de uno mismo, por ejemplo, al establecer un nuevo gobierno

indígenas
los primeros habitantes de un área en particular

internamiento
encarcelamiento

legado
el impacto duradero de una persona o evento

LGBTI
abreviatura que incluye las letras iniciales de lesbianas, gays, bisexuales, transexuales e intersexuales, que se utilizan para describir la orientación sexual o la identidad de género de una persona

migrante
alguien que se muda de un lugar a otro para vivir, por ejemplo, por trabajo o para evitar conflictos

oprimir
perseguir o tratar injustamente a un grupo de personas

persona esclavizada
alguien a quien obligan a trabajar sin pago y es tratado como una propiedad, sin los derechos que tienen otras personas

preámbulo
introducción o primera parte de un documento

reparaciones
dinero u otro beneficio otorgado para remediar un daño

representante
alguien elegido para trabajar en nombre de un grupo de personas, como un miembro del Congreso

segregación
la separación de personas basada en la raza u otra característica

sufragio
el derecho a votar en elecciones

ÍNDICE